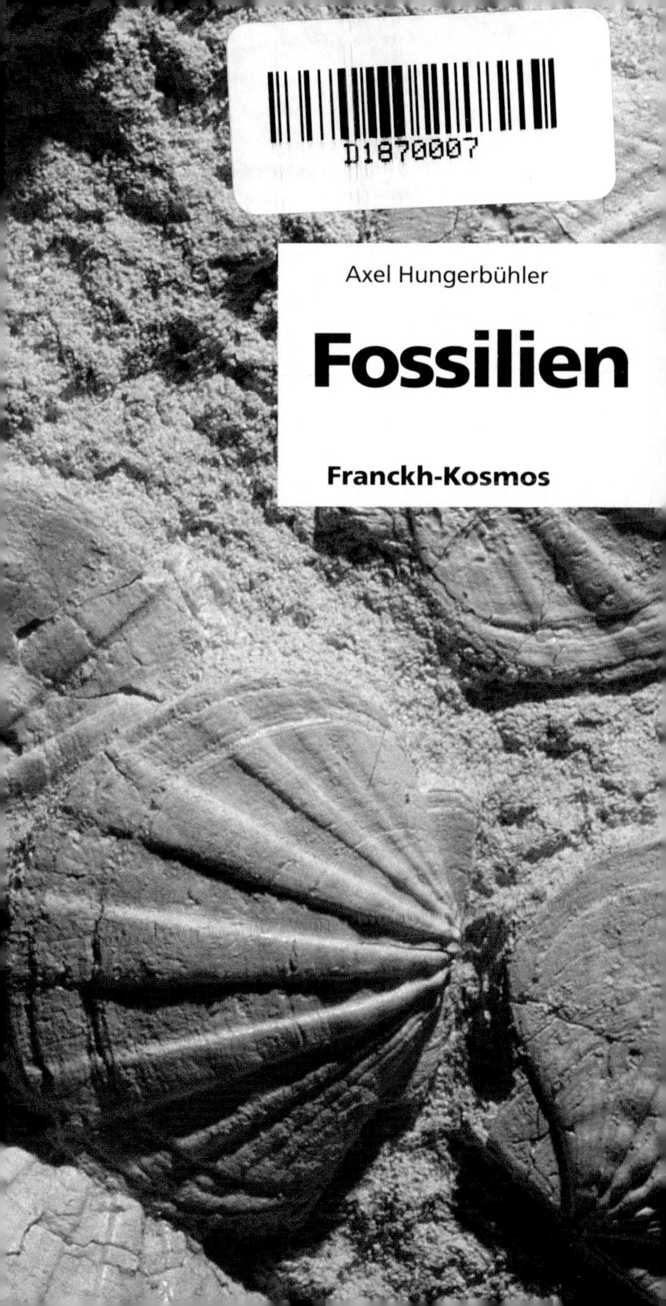

Axel Hungerbühler

Fossilien

Franckh-Kosmos

Zu diesem Buch

Fossilien nennt man die versteinerten Reste von Tieren und Pflanzen. Ich denke, fast jeder hat schon einmal auf einem Spaziergang daheim oder im Urlaub ein Gesteinsstück aufgelesen und betrachtet, das ihm wie ein versteinertes Lebewesen vorkam. Manche Fossilien haben auch schon auf den ersten Blick Parallelen in der heutigen Tierwelt, andere sehen merkwürdig und unerklärlich aus. Und wenn man nun den Fund Freunden oder Bekannten zeigt oder den Kindern erklären soll, wird einem schnell bewußt, wie wenig man doch darüber zu sagen weiß. Dabei ist es gar nicht schwierig, allein durch genaues Beobachten ein Fossil gleichsam zum Reden zu bringen – denn Fossilien sagen uns viel über sich selbst und ihre Umwelt vor Millionen von Jahren.
Sehr wichtig für die Paläontologie, die Wissenschaft von ausgestorbenen Lebewesen, sind **Leitfossilien**. Das sind zeitlich eng begrenzte, „kurzlebige" Arten. Gesteinsschichten mit dem gleichen Leitfossil müssen zur gleichen Zeit abgelagert und damit gleich alt sein (wieviele Millionen Jahre, ist eine andere Frage). Die Erdgeschichte läßt sich mit solchen Fossilien in einzelne Abschnitte untergliedern.
Andere Fossilformen kommen nur in ganz bestimmten Lebensräumen oder unter speziellen Bedingungen vor. Der Fund einer Riffkoralle sagt uns, daß hier einmal ein flaches Meer bei tropischem Klima bestand. Das sind **Faziesfossilien** nach der Fazies, dem „Aussehen" einer Gesteinsschicht, und das ist in der Regel von den Ablagerungsbedingungen abhängig. Viele Fragen drängen sich geradezu auf, wenn wir ein Fossil in Augenschein nehmen: Sehen wir schon am Körperbau, wo das Tier gelebt haben muß? Wie erklärt sich zum Beispiel die ungewöhnliche Hornform einer Muschel? Andere Fragen betreffen einzelne Körperbereiche: Wozu haben manche Brachiopoden gezackte Schalenränder? Welche Funktion haben die Stacheln von Trilobiten oder die Rippen von Ammoniten? Beobachtungen geben uns Hinweise auf das Sediment und seine Ablagerung: Was sagen uns die ausgerichteten Gehäuse von Turmschnecken oder unzerfallene Seelilien? Die verschiedenen Formen der Erhaltung zeigen uns, was nach der Einbettung mit dem Tier geschehen sein muß. Haben wir einen Abdruck des Tieres vor uns, oder sind die echten Hartteile erhalten? Es gibt Tausende von Auffälligkei-

ten, für die man eine Erklärung finden möchte.
Bitte erwarten Sie nun nicht, daß dieses Buch Antworten auf alle Ihre Fragen gibt. Dazu wäre ein voluminöses Werk notwendig. Ich möchte hier an einigen Beispielen zeigen, daß es im Grunde jedem durch einfaches Beobachten und logisches Denken möglich ist, mehr über die Lebewelt der Vorzeit zu erfahren und die Paläontologie keine geheimnisvolle Wissenschaft oder die Domäne von Spezialisten sein muß. Keine Angst – das ist einfacher, als Sie es sich vorstellen. Und bedenken Sie immer: Nicht durch große Geistesblitze, sondern durch viele kleine Erkenntnisse bekommen wir ein Bild vom Leben vor Jahrmillionen.
Ich habe aus den Tausenden, heute bekannten Fossilien einige wenige nach meinem Geschmack ausgewählt. Seien Sie nicht zu enttäuscht, wenn Sie Ihren Fund nicht auffinden. Manche der Ausgewählten sind häufig, andere seltener zu finden, aber über alle meine ich etwas Interessantes berichten zu können. Der Farbcode untergliedert die Fossilien nach wichtigen systematischen Gruppen. Innerhalb einer Gruppe folgen die Vertreter meist in chronologischer Reihenfolge. Die Kurzbeschreibung nennt ein auffälliges Erkennungsmerkmal, kann aber natürlich nicht zur exakten Artbestimmung dienen. Hier helfen spezielle Literatur oder der Rat eines Fachmanns weiter. Mit dem Vorkommen ist das zeitliche Auftreten des Fossils gemeint. Ist die angegebene Zeitspanne kurz, hat man zumeist ein Leitfossil vor sich. Unter Verbreitung sind eine oder mehrere typische Regionen aufgezählt, was aber nicht heißt, daß das Fossil ausschließlich und nur dort zu finden ist.
Auch ist es selbstverständlich, daß ein Naturbeobachter oder Sammler sich den Gesetzen und Regeln entsprechend verhält und auf jeden Fall den Grundstücksbesitzer um Erlaubnis fragt, bevor er auf Fossiliensuche geht. Durch rücksichtslose Sammelwut einiger weniger ist in dieser Hinsicht schon genug Schaden angerichtet worden. Und wer sich nicht völlig auf sein Finderglück verlassen will, kann sich immer noch im nächstgelegenen paläontologischen Museum seinem neuen Hobby widmen.

Algenlaminit

Stromatolith

Typisch: Buckel aus dünnen Lagen.
Vorkommen: Präkambrium –Heute.
Verbreitung: Gipskeuper Süddeutschlands.
Wissenswertes: Stromatolithen waren schon vor 3,5 Milliarden Jahren in präkambrischen Flachmeeren verbreitet. Sie sind keine Körperfossilien, sondern Ergebnisse von Algenmatten, an deren klebriger Oberfläche Sediment haften blieb. Die Algen stießen durch, bildeten neue Rasen und ließen so ein Miniaturriff aus einzelnen Lagen hochwachsen. Nach dem Kambrium (Auftauchen von Algenabweidern!) gibt es Stromatolithen nur noch in übersalzenen, regelmäßig trockenfallenden Lagunen.

Stromatolith, Schottland, 23 cm

Organismenbaupläne II

Muschel

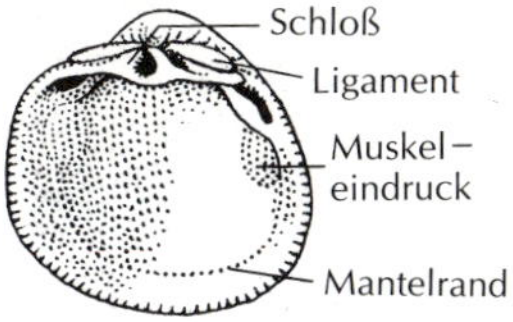

Schnecke

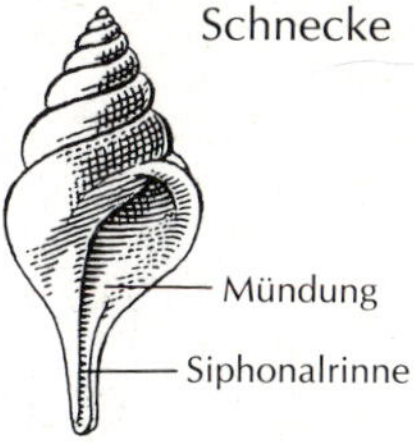

Belemnitentier

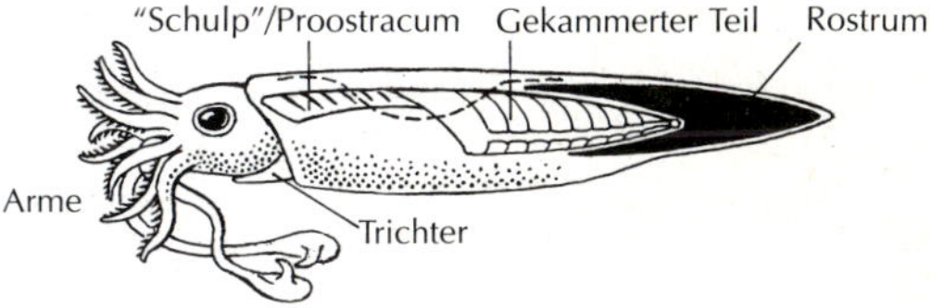

Graptolith

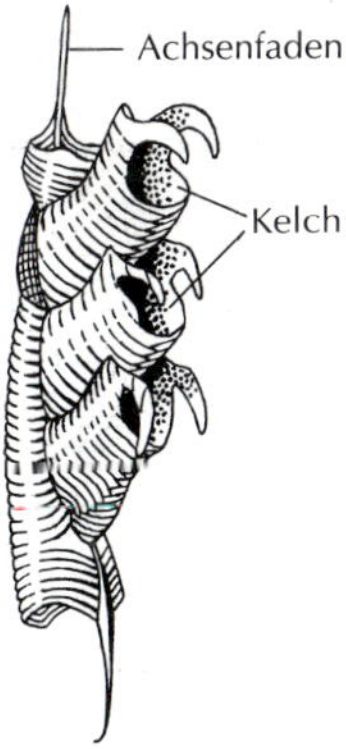

Seelilie

Seeigel

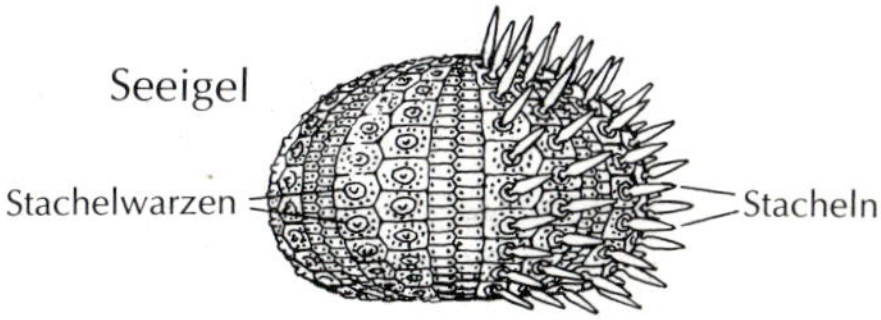

Nacktfarne

Psilophytatae

Typisch: Sternförmig oder einfache Achsen.
Vorkommen: Silur–Devon.
Verbreitung: Rheinland.
Wissenswertes: Die ersten Landpflanzen tauchten im Silur in küstennahen Salzmarschen auf, nachdem Algen eine feste Außenhaut mit Verdunstungsschutz (Wachs) entwickelt hatten. Es waren noch blattlose Stengel, zuweilen in Massen zu finden, mit zentralem Leitbündel (transportiert Wasser und stabilisiert die Achse). An den Enden standen die kugeligen Sporenkapseln (o. l.). Aus solchen sternartigen, geschlechtlichen Pflanzenteilen wuchsen Achse und Sporenstand heraus (o. r.).

Cooksonia bohemica, Beraun/Böhmen, 4 cm (o. l.); *Sciadophyton laxum,* Wahnbachtal/Rheinland, Durchmesser 2,5 cm (o. r.)

Bärlappgewächs

Lepidodendron

Typisch: Rautenmuster.
Vorkommen: Karbon.
Verbreitung: Westfalen.
Wissenswertes: Der Abdruck der Rinde von *Lepidodendron,* einem 30–40 m hohen Bärlappbaum, zeigt die Rauten der sogenannten Blattpolster. In der Mitte sind die rhombischen Narben der beim Wachstum abgeworfenen, lanzettförmigen Blätter (bis 1 m) zu erkennen, die nur schopfartig an der verzweigten Krone standen. Mit hohlen Wurzeln zur Belüftung stand *Lepidodendron* an sumpfigen Standorten. Der Baum wurde dabei nicht vom Holz, sondern einer mächtigen Rinde gestützt. Steinkohle besteht größtenteils aus solchen Stämmen.

Lepidodendron spec., Ibbenbüren/Westfalen, Breite 10 cm

Farnsamer

Pecopteris

Typisch: Wedel mit breitbasigen Blättchen.
Vorkommen: Karbon–Unteres Perm.
Verbreitung: Westfalen.
Wissenswertes: Fossile Farne (streuen Sporen aus) und Farnsamer (Befruchtung auf der Pflanze, echte Samenbildung) werden in einem künstlichen System nach Form und Äderung der Blättchen erfaßt, da Sporen und Samen selten erhalten sind. Zu *Pecopteris* gehören auch Baumfarne, deren „Stamm" hauptsächlich von verfilzten Wurzeln gebildet wird. Übrigens ist ein Wedel ein einziges, zerlapptes Blatt. Eingespülte, gut erhaltene Wedel liegen in den Tonschichten, die die Kohleflöze nach oben abdichten.

Pecopteris spec., Sobernheim/Pfalz, 25 cm

Spurenfossilien

Bauten, Spuren und Fraßbilder

Spuren sind völlig zu Unrecht eine vernachlässigte Fossilienrubrik, spiegeln sie doch die Aktivität der lebenden Tiere wider und geben uns Informationen über Milieu, Sediment und was nach der Einbettung geschah. Leider ist der „Täter" fast nie erhalten.

Wohnbauten sind als Schutz gegen Austrocknung und Feinde im Gezeitenbereich sinnvoll. Der Krebsbau (S. 11, unten) ist ein vernetztes Gangsystem mit oben verengten „Luft"-schächten. Das Tier kam also nie heraus,

Seite 10: Spur eines Trilobiten: *Cruziana* spec., Lugnäs/Schweden, 16 cm;
Seite 11: Kriechspur: *Gyrochorte* spec., Neidlingen/Württemberg, 8 cm (o. l.); Bohrmuschel, Fundort unbekannt, Durchmesser 1,5 cm (o. r.); Bau eines Krebses: *Thalassinoides* spec., Tübingen, max. Breite 5 cm (unten)

und so muß mäßig bewegtes Wasser Nahrung zugeführt haben. Fehlen die Schächte, muß kurz nach dem Bau sehr viel Sediment erodiert worden sein.
Die **Ruhespuren** von Trilobiten (S. 10) zeigen Kratzer: Der schon relativ feste Ton wurde von dem Tier wieder aufgewirbelt und das Loch später mit Sand ausgegossen. Solche Spuren sind die einzigen Leitformen in fossilleeren, paläozoischen Sandsteinen.
Zopfplatten (Seite 11, o. l.) sind die **Kriechspuren** eines Wurms (Zweiteilung = die beiden Beinreihen), der sich ruckartig in schräger Lage durch eine Sandschicht wühlte und eine zopfförmige Spur zurückließ.
Bohrspuren (S. 11, o. r.) verschiedener Tiere zeigen Felsgründe (Küstenlinien, Hartgründe als Zeiten ohne Ablagerung) an, hier einmal mit dem Erzeuger.
Daneben gibt es noch **Freßbauten** (S. 13, 14) **Weidespuren** und **Schreitfährten** von Wirbeltieren.

Wohnbau

Arenicolites

Typisch: Ovale U-Röhre.
Vorkommen: Devon–Trias.
Verbreitung: Rhätsandstein Süddeutschlands.
Wissenswertes: Dem ovalen Querschnitt nach war der „Täter" kein Wurm, sondern die Muschel *Solemya*. Manchmal findet sich in ihren Bauten zusätzlich ein vertikaler Blindgang. Die Muschel förderte aus der Tiefe Schwefelwasserstoff (nur im sauerstoffarmen Bodenmilieu!), den symbiontische Bakterien zur Nahrungsgewinnung nutzten. Die Ausgänge des Wohnbaus zeigen immer die Oberseite der Schichten an. Wurde der Bewohner größer, baute er einen neuen Schenkel an, und so entstand eine W-Röhre.

Arenicolites compressus, Tübingen, Breite 8 cm

Freßbau

Diplocraterion

Typisch: Ohrförmige Röhre mit Spreiten dazwischen.
Vorkommen: Karbon – Tertiär.
Verbreitung: Muschelkalk Süddeutschlands.
Wissenswertes: Nach den feinen Kratzspuren zu urteilen, lebte ein kleiner Krebs in der U-Röhre. Er ernährte sich, indem er mit durchgebogenem Rücken Sediment loslöste, durchfraß und die Kotpillen wieder über sich feststopfte. Dies führte zu der gebogenen Bänderung der Spreite, die er dabei zurückließ. Bei diesem Exemplar fehlt die seitlich begrenzende Röhre. Das Tier verlagerte sich daher nach oben. Bei *Rhizocorallium* baute der Krebs horizontal eine nahrungsreiche Schicht ab.

Diplocraterion spec., Tübingen, Breite 7 cm

Freßbau

Chondrites

Typisch: Sternartig verzweigte, helle Gänge.
Vorkommen: Kambrium – Tertiär.
Verbreitung: Lias Süddeutschlands.
Wissenswertes: Die „Seegrasschiefer" oder „versteinerten Tange" sind Wurmgänge. Vom Hauptgang aus wurden Blindgänge nach unten ausgefressen und mit hellem Kot wieder verstopft. Der Wurm liebte sauerstoffarmes Milieu. Mit dem Wachsen (breitere Gänge) stieß er tiefer vor, und oft arbeiteten mehrere Generationen in Stockwerken übereinander. Aus der Verdrückung der runden Gänge kann man die ursprüngliche Dicke der Schlammschichten ermitteln.

Chondrites bollensis, Boll/Württemberg, Durchmesser 5 cm

Foraminiferen

Nummulites

Typisch: Linsenförmig, im Anbruch gekammert.
Vorkommen: Tertiär.
Verbreitung: Kalkalpen.
Wissenswertes: Foraminiferen sind Mikrofossilien von Einzellern (0,1 – 5 mm), die wichtigsten Leitformen in Kreide und Tertiär. Großformen, bei denen die Zelle bis zu 10 cm groß werden konnte, hatten ein komplex gekammertes Gehäuse, das das Protoplasma des Körpers zusammenhielt. Normalerweise erstreckten sich wurzelartige Fortsätze, mit denen Beute gefangen und verdaut wurde, durch Wandporen. Gigantismus läßt auf nahrungsproduzierende Algen im Gewebe schließen. *Nummulites* lebte im Flachwasser.

Nummulites spec., Neubeuren/Bayern, Ausschnittsbreite 10 cm

Korallen

Anthozoa

Korallen sind die wichtigsten Riffbildner. Grund dafür sind die rasche Vermehrung durch Knospung (Kolonien) und symbiotische Algen, die eine hohe Kalkproduktion und schnelles Wachstum ermöglichen. Korallen sind aber wegen der Algen an Warmwasser und hohen Lichteinfall (Flachmeere, niedere geographische Breiten) gebunden und brauchen einen Hartgrund zum Siedeln. Einzelkorallen ohne Algen dagegen können Weichböden erobern und in größere Tiefen und höhere geographische Breiten vordringen. Fossile **Tabulate Koral-**

Seite 16: *Favosites* spec., Fundort unbekannt, 8 cm; Seite 17: *Syringopora bifurcata,* Livland, Röhrendurchmesser 2 mm (oben); *Zaphrenites* spec., Fundort unbekannt, 3,5 cm (Mitte); *Lonsdaleia* spec., Moskau, Coralliumbreite 1 cm (unten)

len lebten immer in Kolonien (S. 16) und bildeten verzweigte Röhren (S. 17, o.) mit Querböden (Tabulae, S. 16, u.). Der Polyp lebte nur im obersten Röhrenteil. **Rugose** oder **Runzelkorallen** kamen auch solitär vor

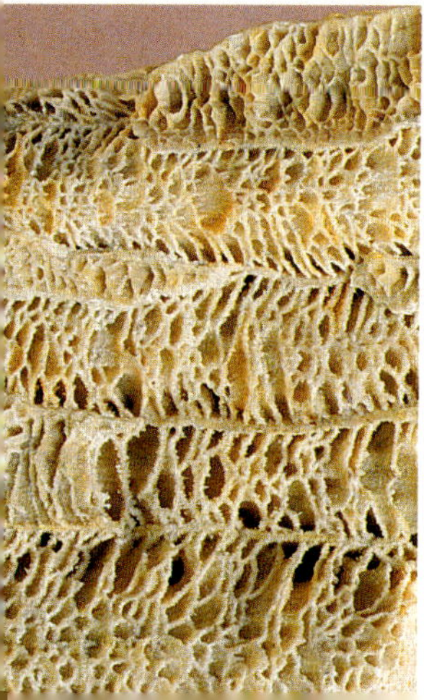

(S. 17, Mitte). Ab dem Karbon kann ein zentraler Achsenstab auftreten (S. 17, u.), an dem sich der Polyp herausrecken konnte. Für *Rugosa* sind fächerartig eingebaute Septen (S. 17, Mitte) typisch. Beide Gruppen haben ein Kalkspatskelett und lebten nur im Paläozoikum. „Moderne" Korallen mit Skeletten aus der Kalkabart Aragonit gibt es solitär oder kolonial ab der Trias. Sie sind an ihren vielen Septen zu erkennen, die strahlig eingebaut werden.

Tabulate Koralle

Halysites

Typisch: Netzartig verbundene Röhren.
Vorkommen: Ordovizium – Silur.
Verbreitung: Geschiebe Norddeutschlands, Gotland.
Wissenswertes: Bei der Kettenkoralle waren die ovalen Röhren seitlich verwachsen. Die Maschen füllten sich mit Sediment, so daß die Polypen gezwungen waren, hochzuwachsen und neue Böden einzuziehen, um nicht zu ersticken. Solche Sedimentfänger waren zwangsläufig schnelle Riffbauer. Kalkalgen und Bryozoen verbackten das Ganze dann zu einem massiven Riffkomplex. Schöne Korallen findet man daher eher ausgespült im Schutt der Riffe.

Halysites catenularia, Hoglund/Gotland, 8 cm

Tabulate Koralle

Aulopora

Typisch: Vernetzte, trompetenförmige Röhren.
Vorkommen: Ordovizium – Perm.
Verbreitung: Devonische Korallenkalke der Eifel.
Wissenswertes: *Aulopora* wuchs als Kruste um verschiedenste Hartsubstrate wie andere Korallen oder Muscheln. Durch seitliche Knospung entstanden neue Polypen und die Kolonie breitete sich in der Fläche aus. Durch die Wachstumsrichtung und die Lage der besiedelten Fläche kann so die Lebendstellung des Besiedelten rekonstruiert werden. *Aulopora* kam weltweit vor – eine bemerkenswerte Tatsache für im allgemeinen wärmeliebende Korallen.

Aulopora serpens, Refrath/Bergisches Land, 2 cm

Tabulate Koralle

Pleurodictyum

Typisch: Rundlich mit dicken Wänden; Wurm.
Vorkommen: Silur–Devon.
Verbreitung: Eifel.
Wissenswertes: Diese fossile Korallenkolonie ist typisch für sandiges Sediment. In der dort üblichen Steinkernerhaltung liegen die Wände als Hohlräume, ausgegossene Wandporen als Brücken vor. Der Wurmgang im Innern deutet auf eine Symbiose hin, die ein Leben auf sandigen Böden erst möglich machte: Die Koralle stellte die Wohnung, der Wurm konnte die Kolonie fortbewegen oder, falls von Sand verschüttet, wieder aufrichten. Eine gleichartige Symbiose ist noch heute aus dem Pazifik bekannt.

Pleurodictyum problematicum, Bergisch Gladbach, 1,7 cm

Tabulate Koralle

Michelinia

Typisch: Hexagonale, große Röhren; unten Stacheln.
Vorkommen: Devon – Perm.
Verbreitung: Kohlenkalke Belgiens.
Wissenswertes: *Michelinia* war mit der riefigen Unterseite und Stacheln auf Kalkschlammböden verankert. Durch sechseckige, große Kelche wurde eine breite Liegefläche der Kolonie erzielt. Kleinere Polypen sind Neubildungen durch Knospung innerhalb eines Einzeltieres. Der einzelne Polyp stand über Poren mit den Nachbarn in Verbindung. Dornenartige Wandvorsprünge in den Kelch werden als Vorstufe einer Septenbildung angesehen.

Michelinia favosa, Belgien, maximaler Durchmesser 8,5 cm

Rugose Koralle

Goniophyllum

Typisch: Viereckige, pyramidale Einzelkoralle.
Vorkommen: Silur.
Verbreitung: Geschiebe Norddeutschlands, Gotland.
Wissenswertes: *Goniophyllum* war ein Sedimentstecker unter den Rugosen, der ebenfalls Verankerungsstacheln ausbildete. Dazu gehörte ein vierteiliger Schutzdeckel, der aber nur selten erhalten ist. Rugose Korallen bildeten neben den Böden oder an ihrer Stelle auch blasige Kelchausfüllungen (Dissepimente), die bei *Goniophyllum* zur Beschwerung noch extra mit Kalk ausgefüllt waren. Der Sinn der Pyramidenform ist unklar. Die Kelchform ist aber mit den äußeren Bedingungen wie Strömungsstärke oder Lichteinfall variabel.

Goniophyllum spec., Gotland, 2,5 cm

Rugose Koralle

Calceola

Typisch: Pantoffelförmig.
Vorkommen: Mitteldevon.
Verbreitung: Korallenkalke der Eifel.
Wissenswertes: Die Einzelkoralle *Calceola* war ein Bewohner schlammiger Bereiche zwischen einzelnen Riffkomplexen. Sie lag auf der konvexen Seite des hornförmigen Kelches, dessen dicke Wände diese Lage stabilisierten. Ein über ein Scharnier beweglicher Deckel verhinderte, daß Schlamm in den Magenraum eindrang. Die Septen waren stark zurückentwickelt – vielleicht als Anpassung an eine besondere Ernährungsweise. *Calceola* ist eine der wenigen Leitformen unter den Korallen, die sonst eigentlich eher Umweltbedingungen anzeigen.

Calceola sandalina, Eifel, 5 cm

Moderne Koralle

Thecosmilia

Typisch: Bäumchenartige Kolonie; viele Septen.
Vorkommen: Trias–Eozän.
Verbreitung: Oberer Malm Süddeutschlands.
Wissenswertes: Verzweigte Riffkorallen wie *Thecosmilia* zeigen mäßig bewegtes Flachwasser an, da sonst die Kolonie abbrechen würde. Kugelige Kolonien bevorzugen stärkere Brandung. Die gut sichtbaren Septen vergrößerten die Wände des Magenraums. Bei dem abgebildeten Exemplar von *Thecosmilia* wurde das Aragonitskelett im Laufe der Zeit aufgelöst und durch Kieselsäure ersetzt. Durch Wegätzen des Gesteins mit Säure wurden die feinsten Strukturen deutlich sichtbar.

Thecosmilia trichotoma, Nattheim/Württemberg, Kelchdurchmesser 2 cm

Bryozoe

Fenestella

Typisch: Fächerförmiges Netzwerk.
Vorkommen: Ordovizium – Perm.
Verbreitung: Zechsteinkalke Thüringens.
Wissenswertes: Bryozoen oder Moostierchen sind kleine, koloniebildende Tiere in einem kastenartigen Kalkgehäuse. Bei *Fenestella* lagen auf jedem Ast des Fächers zwei Reihen runder Gehäuseöffnungen, aus denen das Einzeltier mit rückziehbaren Mundarmen Kleintiere fing. Die zerbrechliche Kolonie siedelte in ruhigen Bereichen von Riffen und war dort auch am Aufbau des Riffkörpers beteiligt. Der Fächer steckte aufrecht im Lagunenschlamm und wuchs mit dem Schlamm in die Höhe.

Fenestella rectangularis, Pelm/Eifel, 7,5 cm

Brachiopoden

Armfüßer

Brachiopoden sehen auf den ersten Blick aus wie Muscheln. Grundlegende Unterschiede weisen sie aber als völlig eigenständige Tiergruppe aus. So bedecken die beiden kalkigen Klappen nicht die linke und rechte Seite, sondern „Bauch und Rükken" des Tieres. Die Klappen werden über Schloßzapfen wie eine Türangel so paßgenau geführt, daß sie selbst nach dem Tode nicht auseinanderfallen. Das Öffnen der Schale geschieht durch Muskelzug an einem Hebelchen der Rückenklappe. Die Weichteile von Brachiopoden sind sehr klein: Im In-

Seite 26: *Magellania fragilis*, Lebendbild, Lazarev-See/Antarktis, 3,5 cm;
Seite 27: *Spiriferina rostrata*, Nehren/Württemberg, 3 cm (oben);
Juralina insignis, Kelheim/Bayern, 2,8 cm (unten)

nern der Schale befindet sich ein großer Hohlraum. In diesen ragen die Armgerüste, zwei Auswüchse der Rückenklappe, nach deren Form (Platten, einfache Spangen, Schlaufen (S. 27, u.) oder sogar Spiralen) man die Armfü-

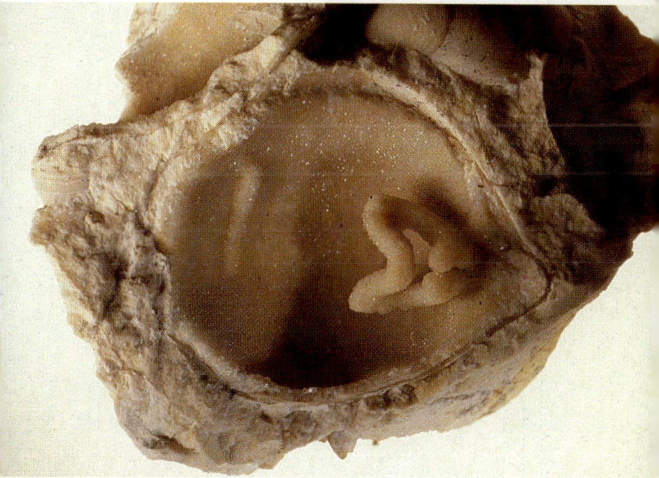

ßer einteilt. An den Armgerüsten sitzen fächerartige, aufgerollte Arme (Name!), die Wasser durch den Körperhohlraum pumpen und gleichzeitig Sauerstoff und kleine Nahrungspartikel herausfiltern. Die meisten Brachiopoden sind mit einem speziellen Organ, dem fleischigen Stiel, an hartem Untergrund festgeheftet und schweben daran im Wasser (S. 26). Einigen Arten gelang es aber, mit verschiedenen Strategien schlammige Untergründe als neuen Lebensraum zu erobern und sich damit in fast allen Flachmeeren auszubreiten.

Brachiopoden gehörten im Paläozoikum zu den wichtigsten und häufigsten Meeresbewohnern. Ab der Trias wurden sie aber langsam von den Muscheln aus ihren ökologischen Nischen verdrängt. Heute sind sie nur noch mit wenigen Arten in Lebensräumen wie kalten, arktischen Meeren, wo ihnen ihr geringer Nahrungsbedarf zugute kommt, vertreten (S. 26).

Schloßloser Brachiopode

Lingula

Typisch: Zungenförmig („Zungenmuschel").
Vorkommen: Ordovizium – Heute.
Verbreitung: Dolomite des Lettenkeuper; Kupferschiefer Mitteldeutschlands.
Wissenswertes: *Lingula* existiert völlig unverändert seit 500 Millionen Jahren und ist damit ein wirklich „lebendes" Fossil. Als urtümlicher Brachiopode ist sie schloßlos und kann sich daher als einziger Armfüßer durch Hin- und Herdrehen der Klappen in weichen Meeresböden eingraben. *Lingula* zeigt Küstennähe mit extremen Bedingungen an: Sie erträgt Trockenfallen oder wechselnden Salzgehalt. Die Schale besteht aus Chitin und Phosphat.

Lingula-Verwandte: *Pachyglosella biconvexa*, Criner Hills/USA, 1,3 cm

Schloßloser Brachiopode

Crania

Typisch: Hütchen mit innerem „Totenkopf"-Muster.
Vorkommen: Ordovizium – Heute.
Verbreitung: Obere Kreide Norddeutschlands.
Wissenswertes: Die kalkige Schale von *Crania* besaß wie *Lingula* weder Schloß noch Armgerüste. Daneben war das Haftorgan, der Stiel, völlig reduziert. Sie zementierte sich als Larve für den Rest ihres Lebens mit der flachen Bauchklappe auf hartem Untergrund fest, und ihr Vorkommen deutet daher auf stark bewegtes Meerwasser hin. Die zwei runden Ansätze der Schließmuskeln innen auf der gewölbten Rückenklappe ähneln den Augenhöhlen eines Totenschädels („Totenkopfmuschel"!).

Crania anomala, Almeria/Spanien, 1,8 cm

Brachiopode

Leptaena

Typisch: Klappe am Rand rechtwinklig geknickt.
Vorkommen: Ordovizium – Karbon.
Verbreitung: Tonschiefer im Sauerland.
Wissenswertes: Als jugendliche „Dünnmuschel" lag *Leptaena* flach auf weichen Meeresböden. Sie dürfte durch Zuklappen der Schalen sogar schwimmfähig gewesen sein. Erst im Alter wuchs die Schale nach oben zur sogenannten Schleppe aus und konnte nicht mehr geöffnet werden. *Leptaena* ließ sich vom Schlamm zudecken und filterte das Wasser nur noch durch die klaffende Schleppe. Eingegrabene Brachiopoden waren aber gegenüber Muscheln mit Atemschläuchen immer im Nachteil.

Leptaena rhomboidalis, Gotland, 3,5 cm

Brachiopode

Atrypa

Typisch: Gegitterte Schale.
Vorkommen: Silur–Devon.
Verbreitung: Devon von Eifel und Harz.
Wissenswertes: *Atrypa* ist kennzeichnend für das mittlere und obere Devon. Zwei kalkige Spiralen bildeten das Gerüst, um die langen Filterarme platzsparend unterzubringen. *Atrypa* lebte als unspezialisierter Bewohner in verschiedenen marinen Lebensräumen wie Riffen und Flachwasserzonen. Da der Stiel im Alter allmählich reduziert wurde, lag sie auf der Bauchklappe am Meeresboden. Manchmal finden sich in der Schale die Bohrgänge wurmartiger Parasiten, die wahrscheinlich an der Nahrung des Brachiopoden teilhaben wollten.

Atrypa collega, Prüm/Eifel, maximal 3,2 cm

Brachiopode

Spirifer

Typisch: Flügelartig verlängerte Seiten.
Vorkommen: Devon–Karbon.
Verbreitung: Devon der Eifel.
Wissenswertes: Die Spiriferen, ebenfalls mit spiraligem Armgerüst, stellen die wichtigen Leitfossilien im Devon. Im Leben stand das Tier mit der Mündung nach oben auf weichen Meeresböden. Die flügelartigen Flanken dienten daher zur Vergrößerung der Liegefläche und zur Stabilisierung dieser aufrechten Lage. Der geschwungene Schalenrand ergab automatisch eine Trennung des ein- und ausströmenden Wassers. Spiriferen liegen je nach Gesteinsart in Schalenerhaltung (Kalke, oben) oder als Steinkerne (Sandsteine) vor.

Cyrtospirifer vernenili, Hahn/Eifel, 3,5 cm

Brachiopode

Productus

Typisch: Stark gewölbte Bauchklappe mit Stacheln.
Vorkommen: Karbon–Perm.
Verbreitung: Zechsteinkalke Thüringens.
Wissenswertes: *Productus* lebte wie *Leptaena* eingegraben. Dabei verhinderten die Stacheln ein tiefes Einsinken und verhüten wie Wurzeln ein Freilegen durch starke Wasser- und Substratbewegungen. Die Stacheln waren hohl und könnten auch Sinnesorgane getragen haben, brachen aber bei der Fossilisation leicht ab. Die Innenseite der Armklappen zeigt zuweilen die spiraligen Abdrükke der Arme. Der größte Brachiopode ist mit 40 cm Breite *Gigantoproductus.*

Horridonia (Productus) horrida, Büchingen/Hessen, 4 cm

Brachiopode

Coenothyris

Typisch: Langoval, glatt, mit großem Stielloch.
Vorkommen: Trias.
Verbreitung: Muschelkalk in Mittel- und Süddeutschland.
Wissenswertes: *Coenothyris* ist eine fossile Verwandte der heutigen *Terebratula,* dem typischen Armfüßer mit Armgerüsten in Form einer verwundenen Schlaufe. Sie konnte, mit einem mächtigen Stiel (s. S. 27) an Schalenfragmenten, Kalkknollen oder sogar eigenen Artgenossen befestigt, schlammige Kalkböden besiedeln. *Coenothyris* findet sich massenhaft in einzelnen Lagen des Muschelkalkes, wo sie bei günstigen Lebensbedingungen große, rasenartige Kolonien bildete.

Coenothyris cycloides, Kronach/Bayern, 1,5 cm

Brachiopode

Rhynchonella

Typisch: Dreieckiger Umriß, Klappenränder gezackt.
Vorkommen: Jura–Kreide.
Verbreitung: Jurakalke Süddeutschlands.
Wissenswertes: Rhynchonellen mit Armgerüsten aus zwei geraden Spangen erreichten im Jura eine große Formenfülle. Sie traten oft in Nestern auf, vor allem in Riffbereichen.
Durch die Zickzack-Form des Schalenrandes wurde zum einen die Öffnungsweite vergrößert, da Brachiopodenschalen wegen dem genauen Schloß nicht weit klaffen können, zum anderen verhinderte es das Eindringen größerer Sandkörner und ein Verstopfen des empfindlichen Filterapparates.

Kallirhynchia morieri, Caen/Frankreich, maximal 2,7 cm

Trilobiten

Dreilapper

Das Kambrium wird oft auch „Das Zeitalter der Trilobiten" genannt. Trilobiten sind urtümliche Gliederfüßer mit einem dreigeteilten Panzer (S. 37, o.) aus Kopfschild, beweglichem Rumpf und Schwanzschild. Sie gehören zu den ersten Tieren mit einem verkalkten und damit erhaltungsfähigen Skelett. Unterseite und Beine bestanden aus vergänglichem Chitin und blieben nur in Ausnahmefällen erhalten (S. 37,u.). Dann erkennt man Antennen und die sogenannten Spaltbeine. Ein großes Schreitbein zum Krabbeln und zum Aufwühlen des Meeresgrundes, und ein kleines, federartiges Kiemen-

Seite 36: *Ceratarges* spec., Gees/Eifel, 3 cm; Seite 37: *Phacops rana,* Ohio/USA, 2,5 cm (oben); *Phacops* spec., Bundenbach, ca. 5 cm (unten) bein, mit dem das Tier atmete und feine Nahrungspartikel aus dem aufgewühlten Sand siebte. Der Panzer wurde also zuerst weniger zum Schutz, sondern als Filtrierkammer zur Nahrungsgewinnung genutzt. Unter der Beule des Kopfschildes, der sogenannten „Glatze" (S. 37, o.), befand sich übrigens nicht das Gehirn, sondern der Magen, der wie ein Unterwasserstaubsauger funktioniert haben muß: Aus dem mit den Beinen aufgewühlten Substrat wurde Verwertbares ausgefiltert und eingesaugt.

Trilobit

Paradoxides

Typisch: Kleines Schwanzschild, daneben zwei lange Seitenstacheln.
Vorkommen: Mittleres Kambrium.
Verbreitung: Böhmen.
Wissenswertes: Für einen Naturforscher des 19. Jahrhunderts waren Trilobiten mysteriöse Tiere – daher der seltsame Name: *Paradoxides.* Er war wie fast alle Trilobiten ein bodenlebender Bewohner flacher Meere; tiefe Ozeane waren für ihn unüberwindliche Hindernisse. Man findet ihn nur im östlichen Nordamerika, in Europa und Nordafrika, daher müssen diese Länder vor 550 Millionen Jahren nahe zusammengelegen haben. *Paradoxides* wurde bis 40 cm groß.

Paradoxides-Verwandter: *Hydrocephalus minor,* Jince/Böhmen, 5 cm

Trilobit

Agnostus

Typisch: Zwei Rumpfsegmente.
Vorkommen: Oberes Kambrium.
Verbreitung: Böhmen.
Wissenswertes: Dieser Trilobit war im Leben blind. Er mußte sich wegen dem kurzen Rumpf knickartig einrollen. Der glatte, stromlinienförmige Panzer deutet auf eine freischwimmende Lebensweise hin. *Agnostus* ist weltweit verbreitet und dadurch ein ideales Leitfossil. Wie jedes Tier mit einem Außenskelett mußte sich ein Trilobit beim Wachsen häuten und konnte so während seines Lebens viele Fossilien produzieren. Die meisten Trilobitenfunde sind solche Häutungsreste (o. r.).

Agnostus pisiformis, Billingen/Schweden, 0,4 cm (o. l.); *Peronopsis interstrictus,* Millard Co./USA, 1 cm (o. r.)

Trilobit

Asaphus

Typisch: Gleich großer Kopf- und Schwanzschild.
Vorkommen: Ordovizium.
Verbreitung: Geschiebe Norddeutschlands.
Wissenswertes: Viele Trilobiten konnten sich wie Asseln kugelig einrollen. Bei einigen paßten deshalb Kopf- und Schwanzschild zum besseren Schutz genau aufeinander. *Asaphus* ist ein Bewohner tieferer Flachmeere. Mit dem glatten Panzer und dem breiten Mittelstück des Rumpfes, an dem die Beinmuskeln ansetzten, hatte er sich wahrscheinlich auf eine grabende Lebensweise spezialisiert. Eingegraben schauten dann nur noch die stielartigen Augen wie Periskope aus dem Sediment.

Asaphus expansus, Obuchowo/Rußland, Breite 4,5 cm

Trilobit

Miraspis

Typisch: Lange Stacheln am Rumpf.
Vorkommen: Silur.
Verbreitung: Böhmen.
Wissenswertes: Stacheln verleihen einigen fossilen Trilobiten ein faszinierend bizarres Aussehen. *Miraspis* dienten die Stacheln zum Schutz: Eingerollt sah das Tier wie ein Igel aus. Vielleicht trugen die Stacheln auch spezielle Sinnesorgane, sicher verhinderten sie jedoch das Einsinken in den schlammigen Meeresboden. *Miraspis* kam in verschiedenen marinen Lebensräumen vor, aber seltsamerweise immer nur in der Nähe vulkanischer Aktivität. Bei diesem Exemplar ist der Panzer aufgelöst und nur der Innenabdruck als Steinkern erhalten.

Miraspis mira, Lodenice/Böhmen, 1,7 cm

Trilobit

Phacops

Typisch: Gekörnelte „Glatze“.
Vorkommen: Silur–Devon.
Verbreitung: Rheinisches Schiefergebirge.
Wissenswertes: *Phacops* besaß das wohl komplizierteste Auge im Tierreich – vor 360 Millionen Jahren! Jedes der über 100 Einzelaugen hatte eine massive Calcitlinse mit eingebauter Verzerrungskorrektur. Die beiden Komplexaugen erlaubten eine vollständige Rundumsicht und Entfernungssehen bei geringstem Lichteinfall, denn *Phacops* lebte auf schlickigem Boden in trüben Flachmeeren. Nach den kräftigen Mundwerkzeugen zu urteilen, war *Phacops* kein filtrierender Trilobit, sondern eher ein Räuber oder Aasfresser.

Phacops schlotheimi, Gerolstein/Eifel, 1,3 cm

Muschelkrebs

Cypris

Typisch: Ovale Schüsselchen, 1–2 mm.
Vorkommen: Tertiär–Heute.
Verbreitung: Mainzer Bekken, Nördlinger Ries.
Wissenswertes: *Cypris* war ein kleiner, allesfressender Krebs, dessen rein chitinöser Körper (daher nicht erhalten) von zwei kalkigen Schalen wie bei Muscheln bedeckt und geschützt wurde. Er lebte im Süßwasser und hatte ein dickes Gehäuse. Viele Muschelkrebse drangen auch ins Brackwasser vor und sind Faziesfossilien für diesen Lebensraum. Andere dienen als Leitfossilien, da schon eine Handvoll Gestein Hunderte von einzelnen Schalen enthalten kann.

Cypris risgoviensis, Hainsfarth/Franken, je 1 mm

Krebs

Eryon

Typisch: Massiver Kopf-Rumpf-Panzer.
Vorkommen: Jura–Kreide.
Verbreitung: Solnhofer Plattenkalke.
Wissenswertes: Krebsskelette bestehen aus Chitin mit erhaltungsfähigem Kalk. Normalerweise finden wir von ihnen daher nur die gefurchten Panzerteile oder Scheren. Da meist Häutungsreste vorliegen, sind einige Arten, so der flußkrebsähnliche *Pemphix,* im Muschelkalk gar nicht so selten.
Viele Krebse waren Aasfresser: Es sind zum Beispiel aufgebrochene Wohnkammern von Ammoniten bekannt. Die häufigsten Relikte sind aber Krebsbauten im Schlamm (S. 10).

Eryon arctiformis, Langenaltheim/Franken, Platte 10 × 7,5 cm

Insekt in Bernstein

Insecta

Typisch: Leichte, gelblichbraune Klumpen.
Vorkommen: Alttertiär.
Verbreitung: Spülsaum der Ost- und Nordseeküste.
Wissenswertes: Bernstein oder fossiles Harz ist eher als Schmuckstein bekannt. In seltenen Fällen blieben Insekten, angelockt vom Harzglanz, kleben und wurden von neuen Ausflüssen überdeckt. Luftdicht versiegelt blieben feinste Strukturen dreidimensional als kohlige Häutchen erhalten. So kann die 50 Millionen Jahre alte Fauna eines Waldes wie die heutige Tierwelt studiert werden. Der leichte Bernstein wurde bevorzugt vom Wasser aus dem Boden ausgewaschen und landete letztendlich im Meer.

Pilzmücke in Baltischem Bernstein, 1 cm

Ammoniten und Nautiliden

Ammoniten ähneln äußerlich vielleicht Schnecken, der Vergleich mit dem lebenden Fossil *Nautilus,* dem Perlboot, entlarvt sie aber als Tintenfischverwandte. Ihr Gehäuse bestand nämlich aus mehreren luftgefüllten Kammern, die durch Septen getrennt waren (S. 47, o.) und ein schwereloses Schweben im Wasser ermöglichten. Erst in der äußeren, großen Wohnkammer saß das eigentliche Tier. Die Kammern standen über einen Kanal, den Sipho, in Verbindung. Durch Einpumpen von Luft oder Wasser konnte der Ammonit wie ein U-Boot steigen oder sinken. Die Nautiliden (Kambrium–Heute) haben meist ge-

Seite 46: *Teloceras subcoronatum,* Ehningen/Württemberg, Breite 9 cm;
Seite 47: *Perisphinctes* spec., ohne Fundort, Länge 12 cm (oben); *Orthoceras docens,* Dvorce/CSFR, Breite 4,5 cm (unten)

rade Gehäuse mit einfach gebogenen Septen (S. 47, u.). Die echten Ammoniten (Devon–Kreide) besaßen verfaltete Lobenlinien (Anheftungslinien der Septen am Gehäuse, S. 46), nach der drei große Gruppen unterschieden werden. Der Sinn der gefalteten Septen ist unklar: Sollte die große Oberfläche bessere Pumpleistungen erbringen? Oder die Wellblechstruktur dem Wasserdruck widerstehen?
Der Sipho aller Ammoniten

ist einfach gebaut und am äußeren Kammerrand befestigt. Die Bestimmung erfolgt durch die Gehäuseform und den Formenreichtum der Gehäuseskulpturen. Wichtig sind hierbei die Rippen, die gerade, sichelartig, einfach oder mehrfach gegabelt sein können und manchmal auch Knoten oder Dornen tragen. Gerade ihre Vielfalt macht Ammoniten zu beliebten Sammelobjekten. Nahezu alle aufgeführten und viele weitere Ammoniten sind Leitfossilien.

Nautilide

Orthoceras

Typisch: Gerade mit feiner Streifung.
Vorkommen: Ordovizium-Trias.
Verbreitung: Geschiebe Norddeutschlands; Böhmen.
Wissenswertes: Der zentrale Sipho des „Geradhorns“ war wie die Kammern mit Kalk beschwert, um den Auftrieb zu kompensieren und das Tier in eine horizontale Schwimmlage zu bringen (S. 47). Bei Schalenerhaltung sind manchmal Farbreste (gezackte Querbänder) erkennbar. *Orthoceras* erreichte mit 5 m Länge gigantische Ausmaße. Zusammengespülte Orthoceren-„Schlachtfelder“ zeigen mit der Gehäusespitze die ehemalige Strömungsrichtung an.

Orthoceras spec., Unkarsheden/Schweden, 13,5 cm

Nautilide

Cenoceras

Typisch: Enggewunden, einfache Septen (= Lobenlinie).
Vorkommen: Obere Trias – Mittlerer Jura.
Verbreitung: Lias α Süddeutschlands.
Wissenswertes: Nautiliden waren im Mesozoikum durch die Ammonitenkonkurrenz selten. Die Einrollung brachte das Jugendgehäuse platzsparend unter und ergab von selbst eine stabile Schwimmlage mit dem Körper nach unten. Dadurch erübrigten sich auch Kammer- und Siphonaleinlagerungen. Die Septen blieben bei allen Arten stets unverfaltet uhrglasförmig. In dieser Form überlebten die Nautiliden alle Krisen der Erdgeschichte bis in unsere Zeit.

Cenoceras spec., Schlaitheim/Württemberg, 16 cm

Ammonit

Tornoceras

Typisch: Glatt; zwei Flankenloben.
Vorkommen: Oberes Devon.
Verbreitung: Sauerland.
Wissenswertes: Die einfach gewellte „goniatitische“ Lobenlinie ist das Kennzeichen der paläozoischen Ammoniten, die im mittleren Devon erstmals auftraten. Bei dieser Anheftungslinie der Septen ist die Zahl der Loben und Sättel (zur Mündung offene bzw. gerundete Bereiche) zur Bestimmung wichtig. Sowohl im Alter als auch in der Stammesgeschichte nahm die Kompliziertheit der Lobenlinie zu. Goniatiten wie *Tornoceras* werden übrigens in Marokko gewerbsmäßig abgebaut, poliert und nach Europa verkauft.

Tornoceras bilobatus, Nehden/Westfalen, 2 cm

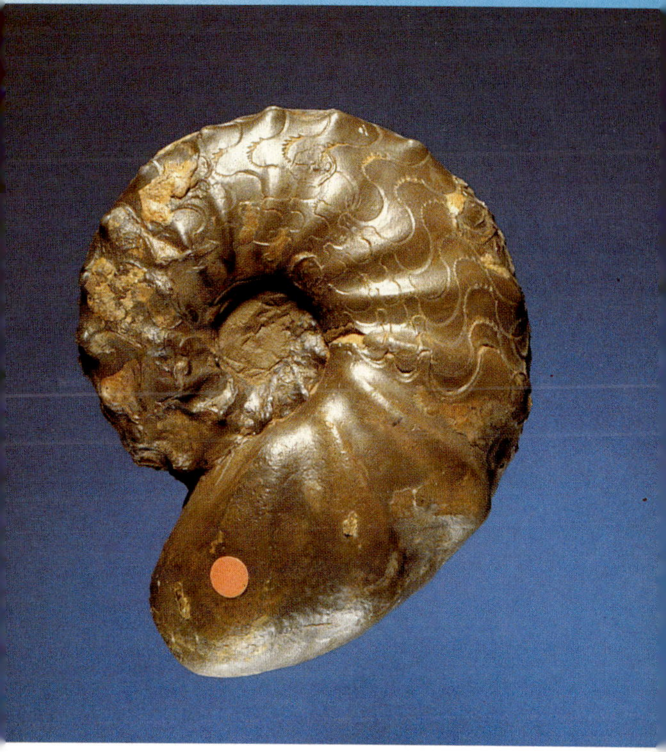

Ammonit

Ceratites

Typisch: Grobe Einfachrippen; gezähnelte Loben.
Vorkommen: Mittlere Trias.
Verbreitung: Oberer Muschelkalk Süddeutschlands.
Wissenswertes: Ammonitensteinkerne konnten nur entstehen, wenn bei beschädigter Schale ein Wasserdurchzug Sediment durch den Sipho ins Innere verfrachtet hat. Daher fehlen Steinkernen meist die zerbrechlichen inneren Windungen. *Ceratites* zeigt in den Loben die beginnende Zerschlitzung der „ceratitischen“ Lobenlinie. Ausgewachsene Tiere bauten immer kleinere Kammern, die Lobenlinien drängen sich dort dicht aufeinander. *Ceratites* kam nur im mitteleuropäischen Muschelkalkmeer vor.

Ceratites nodosus, Würzburg, 11,5 cm

Ammonit

Phylloceras

Typisch: Enggewunden; glatt mit blattartigen Sätteln.
Vorkommen: Obere Trias – Kreide.
Verbreitung: Deutschland; alpiner Jura.
Wissenswertes: Bei der sogenannten „ammonitischen" Lobenlinie, typisch für Jura- und Kreideammoniten, sind Sättel und Loben extrem stark zerschlitzt.
Phylloceras überlebte das Aussterbeereignis der meisten Ammonitenarten am Ende der Trias und wurde zum Stammvater der späteren Ammoniten. Er war ein lang überdauernder „Durchläufer" der offenen Ozeane, also kein Leitfossil. Die feinen Linien sind Reste der Anwachsstreifen des Gehäuses.

Phylloceras heterophyllum, Altdorf/Franken, 18 cm

Ammonit

Psiloceras

Typisch: Weitgewunden, flach, glatt.
Vorkommen: Jura: Lias α 1.
Verbreitung: Süddeutschland; Niedersachsen.
Wissenswertes: Weiträumig verfolgbare Schichten werden nach typischen Fossilien benannt. *Psiloceras* (ehemals *Ammonites psilonotus*) ist kennzeichnend für die dunkle „Psilonoten-Kalkbank“. Seine aragonitische Schale ist beim abgebildeten Exemplar zu Kalkspat umgewandelt, der beim Freilegen leicht abplatzt. Juraammoniten entwickelten sich von glatten zu immer komplexer berippten Formen, so daß daran eine grobe Altersbestimmung der Gesteinsschichten im Gelände möglich ist.

Psiloceras planorbis, Tübingen, maximal 6,5 cm

Ammonit

Schlotheimia

Typisch: Geschwungene Rippen; außen seichte Rinne.
Vorkommen: Jura: Lias α 2.
Verbreitung: Süddeutschland; Niedersachsen.
Wissenswertes: *Schlotheimia* kennzeichnet die Oolithen-Bank, wo die Querschnitte häufig sichtbar, die Gehäuse aber kaum freizulegen sind. Die nach vorn gebogenen Rippen verstärkten wellblechartig die Bruchfestigkeit der Gehäuse. Da Ammonitenschalen (anders als die der Schnecken) sehr dünn waren, werden die Rippen vom Steinkern nachgezeichnet. Zahl und Form der Arme von Ammoniten sind bislang unbekannt und alle bildlichen Rekonstruktionen in Büchern reine Spekulation.

Schlotheimia angulata, Melle/Niedersachsen, 3,8 cm

Ammonit

Arietites

Typisch: Kiel mit 2 Seitenfurchen.
Vorkommen: Jura: Lias α 3.
Verbreitung: Süddeutschland; Niedersachsen.
Wissenswertes: Bei *Arietites* entsprach die Wohnkammer der ganzen äußeren Windung. Das Tier hatte also einen langen, schlauchartigen Körper. Der markante Kiel enthielt den Sipho. Einzelne Exemplare erreichten bis zu 1 m Durchmesser! Solche Riesen wurden früher in Hauswände zum Schutz vor Blitzschlag eingemauert. Örtlich wurden die Gehäuse am Meeresgrund zu Hunderten zusammengespült und bilden heute als „Schneckenpflaster" schützenswerte Naturdenkmale.

Arietites bucklandi, Hechingen/Württemberg, 21 cm

Ammonit

Oxynoticeras

Typisch: Flach; zugespitzte Außenseite.
Vorkommen: Jura: Lias β.
Verbreitung: Süddeutschland, Niedersachsen.
Wissenswertes: Nach Regenfällen kann man aus dunklen Liastonen ausgewaschene Ammoniten auflesen, darunter auch *Oxynoticeras*. Trotz Stromlinienform war er kein Schnellschwimmer. Der „Düsenantrieb" durch Wasserauspressen aus dem Trichter ermöglichte nur langsames, schaukelndes Schwimmen. Daher kann man kaum einen aktiven Räuber, eher einen Wegelagerer oder Aasfresser vermuten. Nach Mageninhalten fraßen aber zumindest einige Ammoniten Kleintiere vom Meeresgrund.

Oxynoticeras oxynotum, Balingen/Württemberg, Exemplar oben 3,1 cm

Ammonit

Amaltheus

Typisch: Zopfartiger Kiel.
Vorkommen: Jura: Lias δ.
Verbreitung: Süddeutschland, Niedersachsen.
Wissenswertes: Die „Goldschnecken" sind zwar nur aus gelbem Pyrit, aber dennoch interessant für die Schmuckherstellung. Pyrit entsteht aus den Ausscheidungen von Schwefelwasserstoff umsetzenden Bakterien, die in sauerstoffarmen Tonen die Weichteile toter Lebewesen abbauen.
Die Wohnkammer ist nie mineralisiert und fehlt. Die Innenwindungen wurden z. T. für Jungtiere, oder, da sich bei vielen Ammoniten im Alter Gehäuseform und Berippung veränderten, für neue Arten gehalten.

Amaltheus margaritatus, Hechingen/Württemberg, Exemplar oben 2,5 cm

Ammonit

Leioceras

Typisch: Flach; feine, geschwungene Rippen.
Vorkommen: Jura: Dogger α.
Verbreitung: Süddeutschland.
Wissenswertes: Bei der abgebildeten *Leioceras*-Art ist die opalisierende Aragonitschale noch erhalten, daher der Artname *opalinum*. Solche Erhaltung ist nur in dichten Tonen möglich, die die Wasserzirkulation und damit die Umkristallisierung der Schalen verhindern. Die Gehäuse sind aber durch die Auflast meist zerbrochen. *Leioceras* findet man in seltenen Fällen eingespült in den Wohnkammern großer Ammoniten. Da diese „Fossilfallen“ den Außendruck abschwächten, sind kleine Ammoniten dort körperlich erhalten.

Leioceras opalinum, Göppingen, 8 cm

Ammonit

Stephanoceras

Typisch: Dick; weitgenabelt; Spaltrippen mit Knoten.
Vorkommen: Lias: Dogger δ.
Verbreitung: Süddeutschland.
Wissenswertes: Wichen die Rippen wie bei *Stephanoceras* am Gehäuserand zu weit auseinander, spalteten sie sich auf, um den stabilitätsgünstigen Abstand wieder herzustellen. Knoten an den Spaltpunkten konnten zu Dornen auswachsen. Hohle Dornen dürften Sinnesorgane getragen haben. *Stephanoceras* weist relativ oft verheilte Schalenbrüche auf, erkennbar an einem Abknikken der Rippen (Rippenscheitelung). Das spricht für ein riskantes Bodenleben in Bewegtwasser.

Stephanoceras humphriesianum, Caen/Frankreich, 12 cm

Ammonit

Perisphinctes

Typisch: Flach; Spaltrippen über den Rücken hinweg.
Vorkommen: Oberer Dogger–Malm.
Verbreitung: Süddeutschland.
Wissenswertes: *Perisphinctes* ist eine Sammelgattung verwandter, ähnlicher Formen. Oben eine der seltenen Doggerperisphincten, schon erkennbar an der braunen Farbe, die von den kleinen, eisenhaltigen Kalkkügelchen (Ooide) des Braunjura stammt. Einige der Kammern blieben unverfüllt. Später wuchsen Kalkspatkristalle von den Wänden ins Innere. Im Weißjura ist *Perisphinctes* in großer Formenfülle zu finden, oft sehr dicht gepackt: Ammonitenbreccien.

Perisphinctes (Choffatia) evoluta, Bisingen-Steinhofen/Württemberg, 16 cm

Ammonit

Glochiceras

Typisch: Flankenfurche; Mündungsohren.
Vorkommen: Jura: Malm.
Verbreitung: Süddeutschland.
Wissenswertes: Das ausgewachsene, vollständige Tier erkennt man an den Verzierungen der Mündung (Mundsaum), die viele Ammoniten erst im Alter ausbildeten. Oft findet man zwei ähnliche Formen unterschiedlicher Größe an einem Fundort. Die kleinen mit sogenannten „Ohren", die vielleicht die Haftstelle für Kopulationsorgane darstellten, werden als Männchen, die großen als Weibchen angesehen. Von *Glochiceras* sind aus den Riffkalken des Malm auch verzwergte Arten bekannt.

Glochiceras subclausum, Blumberg/Baden, 4 cm

Ammonit

Turrilites

Typisch: Spiralig gewunden.
Vorkommen: Obere Kreide: Cenoman-Stufe.
Verbreitung: Kreidekalke Norddeutschlands.
Wissenswertes: Die Kreide war die große Zeit der heteromorphen, also nicht normal gewundenen Ammoniten. Der Erfolg zeigt, daß dies keine Degeneration, sondern ein Erobern neuer Lebensbereiche war. *Turrilites* konnte sicher nicht mehr aktiv schwimmen, sondern war eher treibender Planktonfischer oder vielleicht völlig bodenlebend. Die erhaltenen Steinkerne sind oft deformiert, d.h. die Schale wurde so frühzeitig aufgelöst, daß die Sedimentfüllung noch verformbar war.

Turrilites-Verwandter: *Cirroceras saxonicum,* Halle/Westfalen, 9 cm

Ammonit

Sciponoceras

Typisch: Gerade; schräge Einschnürungen.
Vorkommen: Obere Kreide: Cenoman-Stufe.
Verbreitung: Kreidekalke Norddeutschlands.
Wissenswertes: *Sciponoceras* war zwar gerade, aber nach der vereinfachten, dennoch zerschlitzten Lobenlinie ein Ammonit und kein Nautilide. Das gerade Gehäuse scheint langfristig ein Fehlschlag gewesen zu sein: aus ihm entwickelten sich wieder sekundär eingerollte Formen. Die Einschnürungen sind ehemalige Mündungsverdickungen, die am Steinkern als Furchen herauskommen. *Sciponoceras* hat danach öfters Wachstumspausen, eventuell zur Fortpflanzung, eingelegt.

Sciponoceras baculoides, Rheine/Westfalen, 8 cm

Aptychen

Ammoniten-Innenskelette

Typisch: Muschelartig mit Anwachsstreifen.
Vorkommen: Jura–Kreide.
Verbreitung: Alpiner Jura; Solnhofer Plattenkalke.
Wissenswertes: Aptychen sind zweiklappige Innenskelette von Ammoniten. Früher deutete man Aptychen in Wohnkammern als gefressene Muscheln, heute als Kiefer, mit denen der Ammonit Nahrung vom Boden einschaufelte. Im Laufe der Evolution wurden Aptychen zu einem Deckel der Wohnkammer umfunktioniert.
Die calcitischen Aptychen blieben isoliert erhalten, wenn sie aus der treibenden Leiche herausfaulten oder die aragonitische Schale aufgelöst wurde.

Laevaptychus, Geisingen/Württemberg, 4 cm

Ammonitenaufsiedler

Epöken

Wissenswertes: Auf dem abgebildeten Ammoniten hat ein Wurm seine Kalkröhre gebaut. Er mußte aber ständig weiterbauen, denn der Ammonit hat beim Wachsen die Röhre langsam immer weiter „überfahren" – also ein Bewuchs zu Lebzeiten.
Muscheln als „Tramper", erkennbar an beidseitiger Besiedlung des Ammoniten, hingen an Fäden in bestimmtem Abstand zur Wohnkammer. Sie zeigen so Schwimmlage und Armradius des Ammoniten an.
Leere Gehäuse, die einige Zeit am Grund freilagen, konnten nur auf der Oberseite bewachsen werden (S. 61), zeigen also Zeiten ohne Ablagerungen an.

Vermutlich *Vermiceras* spec. mit Wurmröhre, Albstadt-Pfeffingen/Württemberg, 5,5 cm

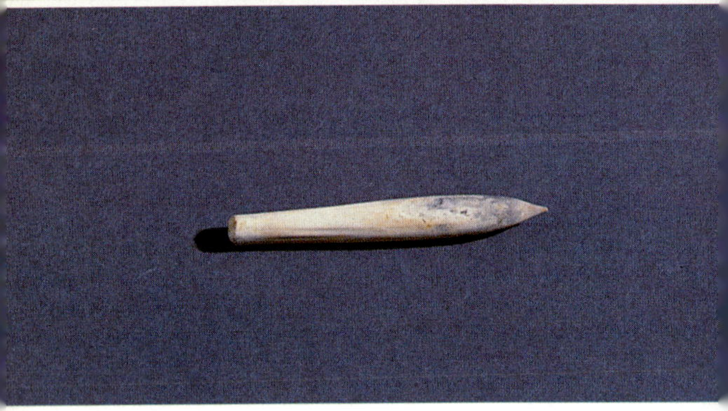

Tintenfische

Belemniten

Typisch: Zigarrenförmig mit trichterartiger Einbuchtung.
Vorkommen: Jura–Kreide.
Verbreitung: Kreide Nord- sowie Jura Süddeutschlands.
Wissenswertes: „Teufelsfinger" oder „Donnerkeile" nannte man sie – die massiven Kalkspatpfeile sind jeweils das „Rostrum" eines Tintenfisches. Da der Kalk von außen aufgelegt und die Rinne ein Gefäßeindruck ist, muß das Rostrum im Körper gelegen haben. In der Einbuchtung steckte ein gekammertes Innengehäuse, der Schulp heutiger Tintenfische. Das schwere Rostrum kippte das Tier in eine horizontale Schwimmlage, um Feinden entkommen zu können.

Belemniten-Querschnitt, Treuchtlingen/Franken, 17 cm (oben); *Actinocamax plenus,* Mühlheim/Niedersachsen, 7 cm (unten)

Schnecke

Bellerophon

Typisch: In Schlitz mündende Rinne.
Vorkommen: Kambrium – Trias.
Verbreitung: Kohlenkalke Belgiens, Devon der Eifel.
Wissenswertes: Das in einer Ebene gewundene Tier könnte man für einen Ammoniten halten, würde nicht die Kammerung fehlen. *Bellerophon* gehört zu den ältesten Schnecken überhaupt. Der Einschnitt am Schalenrand ist der ehemalige Ausstromkanal des Atemwassers, der sich im Gehäusewachstum als Schlitzband nachzeichnet.
Sie dürfte wie die meisten Schnecken mit einer Raspelzunge Meeresalgen abgeweidet haben.

Bellerophon striatus, Bergisch Gladbach, 1,3 cm

Schnecke

Nerinea

Typisch: Hochgewunden; mächtige Spindelfalten.
Vorkommen: Jura–Kreide.
Verbreitung: Schweizer und deutscher Jura.
Wissenswertes: Der Innenraum des Gehäuses von *Nerinea* wurde durch mächtige Wände stark eingeengt und war besonders an der Innenwand, der Spindel, arttypisch verschieden stark verfaltet. Das vergrößerte die Anheftungsfläche für den Rückziehmuskel des Körpers. Durch die Verfaltung sind auch an Steinkernen Arten zu unterscheiden, und *Nerinea* ist dadurch eine der wenigen Leitformen unter den Schnecken. Sie ist Faziesfossil für Riffbereiche mit stark bewegtem Wasser.

Cossmannea tuberculata, Pompignan/Frankreich (links) und *Nerinea* spec., Rethel/Frankreich, 8,5 cm (rechts)

Schnecke

Actaeonella

Typisch: Dickschalig; große Endwindung.
Vorkommen: Trias–Kreide.
Verbreitung: Kreidekalke der Alpen.
Wissenswertes: Bei dem abgebildeten Exemplar von *Actaeonella* ist die dicke, aragonitische Schale zu Kalkspat umkristallisiert. Dickschalige Schnecken sind in der Regel an tropische Meere gebunden, was auch den enormen Größenwuchs erklärt. Das völlig glatte Gehäuse läßt vermuten, daß im Leben der Weichkörper (wie bei Kauri-„Muscheln") auch außen auflag und dort Schale produzierte. Die Querschnitte von *Actaeonella* wurden im Volksmund für Knochenreste von Drachen gehalten.

Actaeonella spec., Brandenburg, Anschliff 8 cm

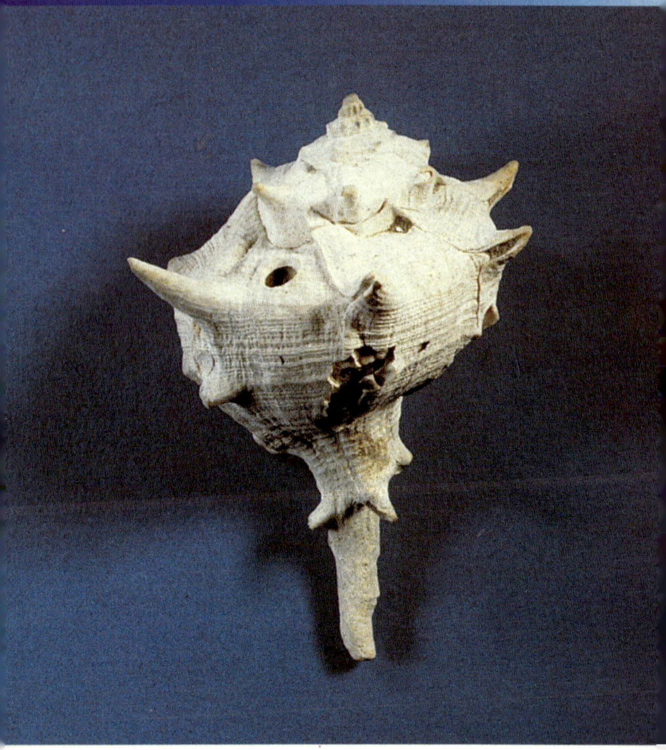

Schnecke

Murex

Typisch: Knoten und Stacheln; Mündungskanal.
Vorkommen: Kreide – Heute.
Verbreitung: Wiener Becken.
Wissenswertes: Diese Raubschnecke bohrte mit der Raspelzunge eingegrabene Muscheln oder, wie man sieht, eigene Artgenossen an.
Die Stacheln dienten als Ausleger, um die Beute aus dem Sand zu ziehen. Stieß die Mündung beim Wachsen auf eine der Stachelreihen, mußte diese mühsam resorbiert und eine neue gebildet werden.
Das Problem der Paläontologen ist eher die dicke Schale verschiedener Schnecken, denn die unskulpturierten Steinkerne sind kaum zu unterscheiden.

Murex brandaris, Piacenza/Italien, 7 cm

Schnecke

Vermetus

Typisch: Spiraliger Anfang; wurmähnliche Endröhre.
Vorkommen: Tertiär – Heute.
Verbreitung: Tertiär Italiens.
Wissenswertes: *Vermetus* war eine ungewöhnliche, sessile Form: Die Larve heftete sich fest, die Schnecke war in der Jugend normal gewunden, wuchs aber im Alter wurmförmig nach oben. Dabei verkitteten sich die Röhren vieler Tiere zu richtigen Schneckenriffen. Mit der Seßhaftigkeit ging ein Nahrungswandel einher: Der Mund sonderte ein Schleimnetz aus, in dem sich Plankton verfing und mitsamt Netz gefressen wurde. Vorsicht: *Vermetus* wird leicht mit Wurmröhren verwechselt!

Vermetus-Verwandter: *Petaloconus intortus* auf Schnecke *Aporrhais*, Piacenza/Italien, 3,5 cm

Schnecke

Turritella

Typisch: Hochgewunden; viele Umgänge.
Vorkommen: Kreide – Heute.
Verbreitung: Mainzer Becken, Weißelsterbecken.
Wissenswertes: Die verschiedenen spiraligen Oberflächenskulpturen der bekannten Turmschnecken sollen wahrscheinlich das Gehäuse fixieren, wenn der Fuß ins Sediment vorstößt. Das eingegrabene Tier pumpt Wasser durch die Kiemen und filtriert dabei Kleinstlebewesen heraus. Manchmal findet sich die fossile *Turritella* in Massen schichtweise zusammengespült. Aus der Orientierung der Gehäuse läßt sich die ehemalige Strömungsrichtung ermitteln.

Turritella turris, Ermingen/Oberschwaben, Ausschnittbreite ca. 5 cm

Schnecke

Gyraulus

Typisch: Klein, enggewunden mit runder Mündung.
Vorkommen: Jura–Heute.
Verbreitung: Steinheimer Becken.
Wissenswertes: *Gyraulus* ist ein fossiler Vertreter der kiemenlosen Süßwasserschnecken, die über eine lungenartige Körperhöhle atmen. Solche Schnecken besaßen sehr dünne Schalen. An *Gyraulus* im Meteorkrater von Steinheim dokumentierte F. Hilgendorf 1863 eine Abfolge von Gehäuseveränderungen und konnte zum ersten Mal Darwins Theorie an Fossilien bestätigen: In diesem isolierten See konnten sich viele Formen von flach bis hochgewunden mit verschiedenen Skulpturen entwickeln.

Gyraulus trochiformis, Steinheim am Albuch/Württemberg, maximal 0,7 cm

Muschel

Trigonia

Typisch: Dreieckig, stark berippt.
Vorkommen: Trias–Kreide.
Verbreitung: Dogger Süddeutschlands.
Wissenswertes: Die auffällige Skulptur weist *Trigonia* als grabende Muschel aus: Konzentrische Rippen gaben dem Tier Halt, wenn das Graborgan, der muskulöse Fuß, in den Sand vorstieß. Die Klappen wurden passiv vom Ligament, der elastischen Verbindung zwischen den Klappen, geöffnet. Dagegen sollte die radiale Skulptur auf der flachen, oberen Seite den Sand festhalten und ein Freilegen durch Strömungen verhindern, denn das Tier lebte flach eingegraben. Leitfossil im Dogger.

Trigonia interlaevigata, Fundort unbekannt, 9 cm

Muschel

Gryphaea

Typisch: Hornförmig; massive, dicke Schale.
Vorkommen: Obere Trias–Jura.
Verbreitung: Lias Süddeutschlands.
Wissenswertes: Diese stark abgewandelte Auster besaß eine hornförmige linke Klappe. Die rechte war hingegen ein flacher Deckel. *Gryphaea* zementierte sich als Larve an Kleinpartikeln im Schlamm fest. Im Alter lag sie, stabilisiert durch die schwere Schale, halb im Sediment. Wurde das Tier durch Wasserbewegungen ausgegraben, drehte sich die konvexe Seite in die Strömung. Wasserwirbel kolkten davor ein Loch aus, in das das Tier von selbst wieder einsank.

Gryphaea arcuata, Suntheim/Württemberg, maximal 5 cm

Muschel

Lopha

Typisch: Schalenrand zickzackförmig.
Vorkommen: Trias–Heute.
Verbreitung: Dogger Süddeutschlands.
Wissenswertes: Die „Hahnenkammauster" *Lopha* setzte als Weichbodenbewohner auf eine andere Strategie als *Gryphaea:* Die anfangs dünne Schale wurde im Alter enorm verdickt, um durch Volumen eine stabile Lage zu garantieren. Trotzdem blieb sie durch den porösen Aufbau leicht und sank nicht ein. *Lopha* wurde daher gern von Aufsiedlern als Inselbiotop in Schlammböden benutzt. Der Schalenrand erlaubte großen Wasserdurchstrom bei geringer Öffnungsweite.

Lopha marshi, Nattheim/Württemberg, 10 cm

Muschel

Inoceramus

Typisch: Konzentrische Anwachswülste.
Vorkommen: Jura–Kreide.
Verbreitung: Kreidekalke Norddeutschlands.
Wissenswertes: *Inoceramus* ist mit vielen verschiedenen Formen Leitfossil der Oberen Kreide. Mit dem Byssus, dem faserartigen Gespinst einer Drüse, verankerten sich die Tiere an festen Partikeln im Schlamm. Voluminöse Formen bildeten Ansammlungen an der Oberfläche, lange und schmale Formen lebten wohl eher eingegraben. Die Schale aus Kalkspat ist regelmäßig erhalten, zum Teil auch als gesteinsbildender Schalenbruch, während Grabmuscheln aus Aragonit stets aufgelöst wurden.

Inoceramus striatus, Dippeldiswalde/Sachsen, 7 cm

Muschel

Hippurites

Typisch: Kegelförmig mit Deckel.
Vorkommen: Obere Kreide.
Verbreitung: Kalke Südfrankreichs.
Wissenswertes: Rudisten wie *Hippurites* waren mit einer becherartigen rechten Klappe festgewachsen, auf der die linke Klappe als Deckel mit riesigen, zapfenartigen Fortsätzen befestigt war. Bedingt durch diese Wuchsform fehlte das Ligament, so daß der Deckel wie bei Brachiopoden nur umständlich über Muskeln an den Zapfen angehoben werden konnte. Rudisten bildeten Riffkomplexe in warmen Flachmeeren. Kleine Löcher im Deckel werden als Lichtfenster für symbiontische Algen gedeutet.

Hippurites gosauviensis, Einzeltier und Deckel, Österreich, Durchmesser 6 cm

Muschel

Pecten

Typisch: Rundlich mit Ohren.
Vorkommen: Tertiär–Heute.
Verbreitung: Meeressande wie im Mainzer Becken.
Wissenswertes: Wie bereits die fossile Form, so liegt auch die rezente Jakobsmuschel mit dem Byssus verankert auf der gewölbten rechten Klappe, ist aber notfalls auch mobil. Durch ruckartiges Zuklappen der Schale, entstanden aus einem Reflex, um Partikel aus den Kiemen zu entfernen, kann das Tier schwimmen. Dabei wird ein Wasserstrom ausgepreßt und von den „Ohren" nach hinten gelenkt. Verwandte von *Pecten* sind bereits häufig in mesozoischen Meeresablagerungen zu finden.

Pecten jacobaeus, Mojonera/Spanien, 12 cm

Stachelhäuter

Echinodermata

Typisch für Stachelhäuter ist die fünfstrahlige Rundsymmetrie. Alle leben unter normalen marinen Verhältnissen. Das Innenskelett aus vielen porösen Kalkspatplatten zerfällt leicht und kann so weit verfrachtet werden. Ganze Tiere blieben nur unter besonderen Bedingungen wie rascher Verschüttung oder Fehlen von Sauerstoff erhalten. Bei der Fossilisation werden die Skeletteile mit Kalkspat ausgefüllt und sind an den glänzenden Bruchflächen leicht erkennbar. Fossile **Seelilien** sehen mit ihrem becherartigen Kelch, den verzweigten Armen und dem Stiel aus einzelnen Glie-

Seite 80: *Parisangulocrinus* spec., Bundenbach/Hunsrück, ca. 10 cm; Seite 81: *Rhabdocidaris princeps,* Rotensohl/Württemberg, 10 cm (oben); *Micraster* spec., Höver/Niedersachsen, 6,5 cm (unten)

dern (Trochiten) wie Blumen aus (S. 80). Sie standen mit einer „Wurzel" aufrecht am Meeresboden und fischten mit klebrigen Armen nach Kleinlebewesen. Bei den heutigen Seelilien (Haarsterne) ist der Stiel meist reduziert. Die „regulären" **Seeigel** haben runde, ballonartige Körper aus Platten und Stacheln sowie zangenartige Kiefer (S. 81, o.). Im Jura erschienen bilateral-symmetrische, „irreguläre" Formen (S. 81, u.), deren Steinkerne besonders in der Kreide häufig sind und

sich als Leitfossilien eignen. Weitere Stachelhäuter sind **Seesterne** und **Schlangensterne** (fossil unbedeutend) sowie mehrere Gruppen (S. 82, 83), die auf das Paläozoikum beschränkt sind.

Beutelstrahler

Echinosphaerites

Typisch: Kugelige Kapsel.
Vorkommen: Ordovizium.
Verbreitung: Geschiebe Norddeutschlands.
Wissenswertes: *Echinosphaerites* war ein festgewachsener Stachelhäuter mit einem Körper aus über 300 Kalkplättchen. Mund und After waren daher nebeneinander oben angebracht, und zwei oder vier unverzweigte Arme (praktisch nie erhalten!) strudelten Nahrung zum Mund. Ein in Rhomben angeordnetes Porensystem auf den Platten, das aber erst an verwitterten Stücken sichtbar wird, nahm Wasser und Sauerstoff auf. Das Skelettinnere ist oft mit strahlig aufgewachsenem Kalkspat ausgefüllt („Kristalläpfel").

Echinosphaerites aurantium, Schweden, 4 cm

Knospenstrahler

Pentremites

Typisch: Knospenförmige Kelchkapsel.
Vorkommen: Karbon.
Verbreitung: Kohlenkalk Belgiens.
Wissenswertes: Knospenstrahler waren wie Seelilien mit einem Stiel in weichem Untergrund verwurzelt. An den Längsrändern der fünf spitzovalen Felder des Kelchs standen beim lebenden Tier viele unverzweigte Arme. Mund und After saßen an der Knospenspitze. Zwischen den Armen befanden sich Poren, die zu speziellen, eingestülpten Falten der Außenwand des Kelches führten, wo der Gasaustausch erfolgte. Unregelmäßig zerlappte Falten werden als Bruttaschen für die Larven gedeutet.

Pentremites godoni, Floraville/USA, 1,6 cm

Seelilie

Encrinus

Typisch: Runde Trochiten mit radialen Streifen.
Vorkommen: Trias.
Verbreitung: Muschelkalk Mittel- und Süddeutschlands.
Wissenswertes: *Encrinus* heftete sich mit einer verdickten Haftscheibe an Muschelschalen fest und bildete kleine Riffe in ruhigem, küstenfernem Flachwasser. Trochitenkalke (oben) sind das Ergebnis vieler Stürme die immer wieder das Wasser und den Boden aufwühlten, Schlamm und leichte Skeletteile fortführten, und so die schweren Trochiten anreicherten. Nach der letzten Umschichtung mit viel Schlamm überschüttet, ist ein Tier an der Oberkante der Bank ausnahmsweise komplett erhalten.

Encrinus liliiformis, Crailsheim/Württemberg, Krone 6,5 cm

Seelilie

Seirocrinus

Typisch: Trochiten rund mit fünflappigem Muster.
Vorkommen: Jura.
Verbreitung: Posidonienschiefer Süddeutschlands.
Wissenswertes: *Seirocrinus* erreichte durch zyklisches Einfügen neuer Trochiten Stiellängen bis 18 m! Die Basis des Stiels war beweglich, unter dem Kelch jedoch steif: völlig ungeeignet für den baumartigen Wuchs, nützlich aber bei einer Anheftung an Treibholz. So wurden die Tiere passiv mobil. Die verwandte *Pentacrinites* mit kurzem Stiel und fünfeckigen Gliedern war im Jura relativ häufig. Unklar ist, ob diese Arten als verflochtene Kolonien im Wasser trieben oder bodenlebend waren.

Seirocrinus subangularis, Holzmaden/Württemberg, Breite 15 cm

Seelilie

Saccocoma

Typisch: Stiellos, 10 verzweigte Arme.
Vorkommen: Malm–Kreide.
Verbreitung: Solnhofener Plattenkalke.
Wissenswertes: Kalkplatten bedeckt mit *Saccocoma* wurden früher „Spinnensteine" genannt. Bei *Saccocoma* fehlt wie bei den meisten heutigen Seelilien der Stiel: Sie konnte mit den Armen frei im Wasser schwimmen. Da immer nur die Armspitzen eingerollt gefunden werden und damit flexibel waren, könnte sogar eine Schwimmhaut zwischen den Armbasen aufgespannt gewesen sein. *Saccocoma* war nach Funden in fossilem Kot ein beliebtes Beutetier von Fischen.

Saccocoma pectinata, Eichstätt/Bayern, 4 cm

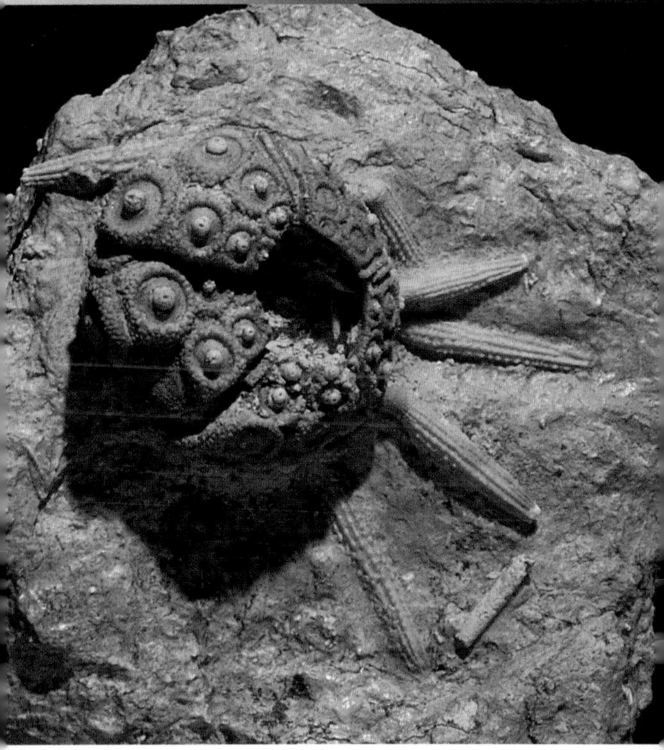

Seeigel

Cidaris

Typisch: Große Stachelwarzen; Keulenstacheln.
Vorkommen: Obere Trias–Oberer Jura.
Verbreitung: Riffkalke des Malm in Süddeutschland.
Wissenswertes: *Cidaris* ist besonders häufig im Schutt von Riffen zu finden, allerdings sind meist nur einzelne Stacheln oder Platten erhalten. Die Stacheln dienten nicht zum Schutz, sondern zum „Stelzenlaufen" oder Verkeilen in Riffhöhlen. Reguläre Seeigel kratzten mit zangenartigen Kiefern (S. 81) Algen ab und zeigen die Existenz ehemaliger Hartgründe an. Herz- oder scheibenförmige Irreguläre „bulldozzerten" in Weichböden und siebten mit ihren Stacheln Nahrung aus.

Plegiocidaris cervicalis, Rotensohl/Württemberg, 4,5 cm

Graptolith im weiteren Sinne
Dictyonema

Typisch: Glocke aus vernetzten Fäden.
Vorkommen: Unterstes Ordovizium: Tremadoc-Stufe.
Verbreitung: Geschiebe Norddeutschlands.
Wissenswertes: *Dictyonema* trieb als korbartige Kolonie im Meer. Das Schwebeorgan, ein luftgefüllter Ballon, ist selten erhalten. Die Einzeltiere saßen in kleinen Röhren und filterten Plankton aus. *Dictyonema* stammt von baumförmigen Bodenbewohnern ab. Das Skelett aus Chitinlagen ist nur bei Sauerstoffarmut in Schwarzschiefern als silbriges Häutchen erhalten. Aus *Dictyonema* entwikkelten sich die bandartigen Graptolithen („beschriebene Steine").

Dictyonema spec., Moecckleby/Oeland, Maschenweite 1 mm

Graptolith

Monograptus

Typisch: Silbriger Faden, eine Seite gezähnelt.
Vorkommen: Silur–Unteres Devon.
Verbreitung: Schwarzschiefer Thüringen/Vogtland.
Wissenswertes: Als treibende Kolonie der offenen Ozeane und somit mit einer weiten Verbreitung ist *Monograptus* das wichtigste Leitfossil im Silur. Die filtrierenden Einzeltiere saßen in Röhren (die Kerben der Kante), die nach oben zeigten, entlang einem elastischen Faden aufgereiht. Ordovizische Graptolithen besaßen zwei Reihen von Röhren oder mehrere Äste. Nach dem mikroskopischen Bau der Röhren sind sie als primitive Verwandte der Wirbeltiere anzusehen.

Monograptus uncinatus, Flensburger Förde, ca. 3 cm

Haizähne

Knorpelfische

Typisch: Breite kalkige Wurzel, oft mehrspitzig.
Vorkommen: Häufig im Tertiär.
Verbreitung: Mainzer Becken, Oberschwaben.
Wissenswertes: Haizähne sind die häufigsten Wirbeltierfossilien – kein Wunder, Haie besitzen viele davon und wechseln sie dazu regelmäßig gegen neue aus. Spitze Zähne mit mehreren oder einer Krone (früher „Zungensteine“ genannt) und gesägten Kanten wirken wie Fleischermesser. Jeder Zahntyp hat einen eigenen Namen, selbst wenn ein Tier mehrere Typen im Maul hat. Quadratische, flache Zähne gehören zu den Quetschgebissen der Rochen.

Carcharodon sokolowi, Helmstedt, Höhe 50 mm (o.); *Hexanchus primigenius,* Weinheim/Alzey, Länge 27 mm (u.)

Schmelzschuppen

Knochenfische

Typisch: Rhombisch, glänzend.
Vorkommen: Vor allem im Mesozoikum.
Verbreitung: Bonebeds, Lias ε Süddeutschlands.
Wissenswertes: Die Schuppen primitiver Fische bestanden aus Knochen mit einer harten, glänzenden Schmelzauflage (Ganoin). Sie waren mit Zapfen aneinander befestigt und bildeten eine geschlossene Panzerung als Schutz und Widerlager der Muskulatur. Deswegen war das Innenskelett kaum verknöchert. Rezenten Fischen fehlt die Ganoinschicht. Panzerschuppen sind häufig in „Bonebeds" zu finden, einer lagenweisen Anhäufung von Knochen und Schuppen.

Lepidotus elevensis, Les Sieges/Frankreich, maximal 2,2 cm

Fischsaurierwirbel

Ichthyosaurier

Typisch: Vorn und hinten tief eingebuchtete Scheibe.
Vorkommen: Trias–Kreide.
Verbreitung: Lias Süddeutschlands.
Wissenswertes: Die beidseitig konkaven Wirbel dieser fischartigen Meeresechsen lassen mächtige knorpelige Bandscheiben vermuten. An den beiden oberen Graten setzt der Dornfortsatz an, der bei Fischsauriern nur lose mit dem Wirbel verbunden ist und darum hier fehlt. Die Bandscheiben und losen Verbindungen sprechen für eine sehr bewegliche Wirbelsäule. Spitze Kegelzähne und Funde von Belemnitenteilen im Magen ergänzen das Bild eines schnellen und wendigen Meeresräubers.

Stenopterygius spec., Holzmaden, Höhe 6 cm

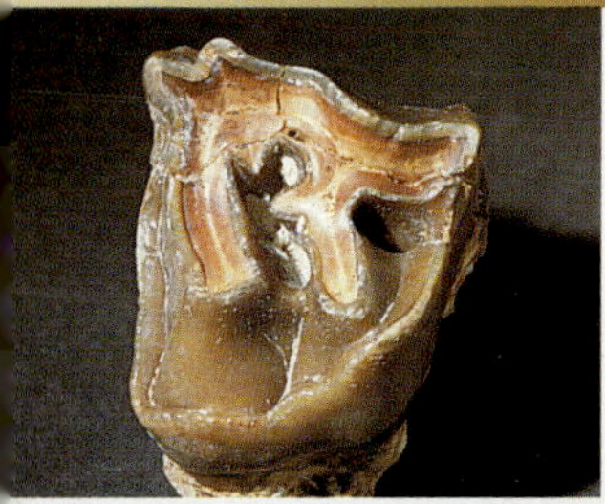

Säugetierzähne

Säugetiere

Typisch: Höcker und Leisten.
Vorkommen: Vor allem Quartär.
Verbreitung: Flußschotter.
Wissenswertes: Von Säugetieren sind am häufigsten die Zähne als härteste Skeletteile erhalten.

Ein Feilenmuster aus Leisten ist typisch für harte Grasnahrung (o. r., unten). Solche Zähne sind hoch und unten offen, d. h. immerwachsend, um den Abrieb auszugleichen.

Das Wollnashorn dagegen stammt von blattfressenden Formen mit Höckerzähnen ab, hatte als Grasfresser aber schon relativ hohe Zähne mit großen Leisten (o. l.).

Zahn eines Wollnashorns, Ehrenstein bei Ulm, Breite 3 cm (o. l.); Pferdezahn, Lathum/Holland, Höhe 7 cm (o. r.); Mammutzahn, Huldern/Westfalen, Länge 19 cm (unten)

Register

Mit 102 Farbfotos von Gerber/Institut f. Geologie und Paläontologie Tübingen (11 o.l., 11 u., 12, 13, 14, 16, 17 o., 17 M., 17 u., 21, 25, 27 o., 40, 46, 47 o., 47 u., 55, 56, 57, 60, 65, 84, 92), Hain/Alfred-Wegener-Institut f. Polar- und Meeresforschung Bremerhaven (26), Haupt/Naturmuseum Senckenberg Frankfurt (36), Helms (30, 90), Kohlhaupt (11 o.r.), Lehmann (63), Lichter (2/3, 6, 8, 9, 10, 15, 22, 23, 24, 32, 37, 39 l., 39 r., 44, 48, 49, 50, 58, 59, 61, 62, 64, 66 l., 66 r., 68, 72, 74, 76, 77, 78, 81 o., 81 u., 85, 87, 89, 93 o.l., 93 u.), Lumpe/Naturkundemuseum Stuttgart (33, 37, 80), Mosbrugger (7 l., 7 r.), Richter (18, 19, 20, 27 u., 28, 29, 31, 34, 35, 38, 41, 42, 43, 51, 52, 53, 54, 67, 69, 70, 71, 73, 75, 79, 82, 83, 86, 88, 93 o.r.), Schlee/Naturkundemuseum Stuttgart (45)
Umschlag von Jürgen Reichert, Stuttgart
Umschlagvorderseite: *Dactylioceras athleticum* (Lichter); Umschlagrückseite: *Echinoceras* spec. (Gerber) und *Pecopteris* spec. (Lichter)

Die Deutsche Bibliothek CIP-Einheitsaufnahme

Hungerbühler, Axel:
Fossilien : Versteinerungen von Tieren und Pflanzen ; Extra:
Ablauf der Erdgeschichte / Axel Hungerbühler. – Stuttgart :
Franckh-Kosmos, 1992
(Kosmos Naturführer)
ISBN 3-440-06415-8

Für die Unterstützung bei der Beschaffung des Bildmaterials danken wir den Mitarbeitern der obengenannten Museen und Institute sowie den Sammlern F. Fanzutti, M. Gießler, A. u. J. Hauser, K.-H. Hilpert, R. Kratz, R. Kuhn, R. u. H. Lenzenweger, G. Müller, A. Paulsen, H. Prescher, R. Schlatter (Mus. Allerheiligen Schaffhausen), A. u. H. Stapf (Pal. Mus. Nierstein) und N. Wannenmacher ganz herzlich!

ISBN 3-440-06415-8
Lektorat: Bärbel Oftring,
Rainer Gerstle, Andrea Massias
Grundlayout: Jürgen Reichert
Herstellung: Lilo Pabel
Printed in Italy/Imprimé en Italie
Satz: Kittelberger, Reutlingen
Reproduktion: Repro GmbH, Fellbach
Druck: Printers, Trento

Erklärung wichtiger Fachausdrücke

Anbruch: frische Bruchfläche
Aragonit: Kristallform des Kalkes $CaCO_3$ (rhombische Symmetrie)
auskolken: durch Wasserwirbel aushöhlen
Bank: dicke, harte Sedimentschicht
Bonebed: dünne, lagige Anhäufung von Knochen und Zähnen
Breccie: verbackener Gesteinsschutt
Chitin: Skelettbaustoff der Gliederfüßer, zelluloseähnlich
Dolomit: kalkähnliches Mineral $CaMg(CO_3)_2$
Dornfortsatz: dachförmiger Aufsatz eines Wirbels, unter dem das Rückenmark verläuft
erodieren: abtragen
Gezeitenbereich: Strandzone zwischen mittlerem Stand von Hochwasser (Flut) und Niedrigwasser (Ebbe)
Kalkspat (Calcit): Kristallform des Kalkes $CaCO_3$ (trigonale Symmetrie)
kohlig: aus zu Kohle umgewandelter Pflanzensubstanz
Lobus: zur Mündung hin konkave (offene) Bereiche der Lobenlinie
Lobenlinie: verfaltete Verwachsungslinie eines Septums mit der Außenwand eines Ammonitengehäuses
Nabel: Einsenkung der inneren Windungen auf der Seite eines Ammonitengehäuses
Oolith: Gestein aus kleinen, kalkigen Kugeln (Ooiden)
Paläontologie: Wissenschaft von den vorzeitlichen Lebewesen
paläozoisch: zum Paläozoikum (Kambrium-Perm) gehörig
Plankton: im Wasser treibende Meeresorganismen
Protoplasma: Zellflüssigkeit
rezent: heute lebend
Rostrum: fingerförmiges Innenskelett eines Belemnitentieres
Rudisten: kelchförmige Gruppe von Muscheln
Sattel: zur Mündung hin konvexe (gerundete) Bereiche der Lobenlinie
Sediment: Ablagerung
Septum: Kammerscheidewand des Ammonitengehäuses
sessil: festsitzend oder festgewachsen
Sipho: rohrartiger Strang durch ein Ammonitengehäuse
skulpturiert: mit Ornamenten (Rippen, Streifen, Furchen etc.) versehen
solitär: einzeln lebend (Gegensatz zu koloniebildend)
Spindelfalten: Grate auf der inneren Gehäuseachse von Schnecken
Substrat: Untergrund
Symbiose: Zusammenleben zweier Tierarten zu gegenseitigem Nutzen
Trochiten: scheibenförmige Stielglieder einer Seelilie

Erläuertung zum Fossilisationsschema

Die Erhaltung eines toten Tieres ist ein entscheidender Aspekt in der Paläontologie. Nebenstehend sind einige Möglichkeiten dargestellt, was mit einer Herzmuschel nach dem Tod geschehen kann. Wichtig ist dabei, daß das gleiche Tier je nach Art der Erhaltung als Fossil völlig unterschiedlich aussehen kann. Der glatte Steinkern, der berippte Skulptursteinkern und der Abdruck sind alles Fossilien von Herzmuscheln. Normalerweise werden nur die Hartteile überliefert. Man sollte aber bedenken, daß etwa 99 % aller Tier- und Pflanzenreste völlig aufgelöst werden und jedes Fossil die Ausnahme vom normalen Prozeß darstellt.